TRANZLATY
Sprache ist für alle da
Езикът е за всички

Die Schöne und das Biest

Красавицата и звярът

Gabrielle-Suzanne Barbot de Villeneuve

Deutsch / Български

Copyright © 2025 Tranzlaty
All rights reserved
Published by Tranzlaty
ISBN: 978-1-80572-002-7
Original text by Gabrielle-Suzanne Barbot de Villeneuve
La Belle et la Bête
First published in French in 1740
Taken from The Blue Fairy Book (Andrew Lang)
Illustration by Walter Crane
www.tranzlaty.com

Es war einmal ein reicher Kaufmann
Имало едно време един богат търговец
dieser reiche Kaufmann hatte sechs Kinder
този богат търговец имал шест деца
Er hatte drei Söhne und drei Töchter
той имаше трима сина и три дъщери
Er hat keine Kosten für ihre Ausbildung gescheut
той не пести средства за тяхното образование
weil er ein vernünftiger Mann war
защото той беше разумен човек
aber er gab seinen Kindern viele Diener
но той даде на децата си много слуги
seine Töchter waren überaus hübsch
дъщерите му бяха изключително красиви
und seine jüngste Tochter war besonders hübsch
а най-малката му дъщеря беше особено красива
Schon als Kind wurde ihre Schönheit bewundert
като дете красотата й вече се възхищаваше
und die Leute nannten sie nach ihrer Schönheit
и хората я наричаха по красотата й
Ihre Schönheit verblasste nicht, als sie älter wurde
красотата й не увяхна, докато остаряваше
Deshalb nannten die Leute sie weiterhin wegen ihrer Schönheit
така че хората продължиха да я наричат с нейната красота
das machte ihre Schwestern sehr eifersüchtig
това накара сестрите й да ревнуват много
Die beiden ältesten Töchter waren sehr stolz
двете най-големи дъщери имаха голяма доза гордост
Ihr Reichtum war die Quelle ihres Stolzes
тяхното богатство беше източник на тяхната гордост
und sie verbargen ihren Stolz nicht
и не скриха гордостта си
Sie besuchten nicht die Töchter anderer Kaufleute
те не посещаваха дъщерите на други търговци
weil sie nur mit Aristokraten zusammentreffen

защото се срещат само с аристокрацията
Sie gingen jeden Tag zu Partys
излизаха всеки ден на купони
Bälle, Theaterstücke, Konzerte usw.
балове, пиеси, концерти и т.н
und sie lachten über ihre jüngste Schwester
и се смееха на най-малката си сестра
weil sie die meiste Zeit mit Lesen verbrachte
защото прекарваше по-голямата част от времето си в четене
Es war allgemein bekannt, dass sie reich waren
добре се знаеше, че са богати
so hielten mehrere bedeutende Kaufleute um ihre Hand an
затова няколко видни търговци поискали ръката им
aber sie sagten, sie würden nicht heiraten
но казаха, че няма да се женят
aber sie waren bereit, einige Ausnahmen zu machen
но те бяха готови да направят някои изключения
„Vielleicht könnte ich einen Herzog heiraten"
„Може би бих могъл да се омъжа за херцог"
„Ich schätze, ich könnte einen Grafen heiraten"
„Предполагам, че мога да се омъжа за Ърл"
Schönheit dankte sehr höflich denen, die ihr einen Antrag gemacht hatten
красавицата много цивилизовано благодари на тези, които са й предложили брак
Sie sagte ihnen, sie sei noch zu jung zum Heiraten
тя им каза, че все още е твърде млада, за да се омъжи
Sie wollte noch ein paar Jahre bei ihrem Vater bleiben
тя искаше да остане още няколко години с баща си
Auf einmal verlor der Kaufmann sein Vermögen
Изведнъж търговецът загубил състоянието си
er verlor alles außer einem kleinen Landhaus
той загуби всичко освен малка селска къща
und er sagte seinen Kindern mit Tränen in den Augen:
и каза на децата си със сълзи на очи:

„Wir müssen aufs Land gehen"
"трябва да отидем на село"
„und wir müssen für unseren Lebensunterhalt arbeiten"
"и ние трябва да работим за прехраната си"
die beiden ältesten Töchter wollten die Stadt nicht verlassen
двете най-големи дъщери не искаха да напуснат града
Sie hatten mehrere Liebhaber in der Stadt
имаха няколко любовници в града
und sie waren sicher, dass einer ihrer Liebhaber sie heiraten würde
и бяха сигурни, че някой от техните любовници ще се ожени за тях
Sie dachten, ihre Liebhaber würden sie heiraten, auch wenn sie kein Vermögen hätten
те смятаха, че любовниците им ще се оженят за тях дори и без богатство
aber die guten Damen haben sich geirrt
но добрите дами са се заблудили
Ihre Liebhaber verließen sie sehr schnell
любовниците им ги изоставиха много бързо
weil sie kein Vermögen mehr hatten
защото вече нямаха богатства
das zeigte, dass sie nicht wirklich beliebt waren
това показа, че всъщност не са били харесвани
alle sagten, sie verdienen kein Mitleid
всички казаха, че не заслужават да бъдат съжалявани
„Wir sind froh, dass ihr Stolz gedemütigt wurde"
„радваме се да видим тяхната гордост унизена"
„Lasst sie stolz darauf sein, Kühe zu melken"
"нека се гордеят с доенето на крави"
aber sie waren um Schönheit besorgt
но те бяха загрижени за красотата
sie war so ein süßes Geschöpf
тя беше толкова мило създание
Sie sprach so freundlich zu armen Leuten
тя говореше толкова мило на бедните хора

und sie war von solch unschuldiger Natur
и тя имаше толкова невинна природа
Mehrere Herren hätten sie geheiratet
Няколко господа биха се оженили за нея
Sie hätten sie geheiratet, obwohl sie arm war
щяха да се оженят за нея, въпреки че беше бедна
aber sie sagte ihnen, sie könne sie nicht heiraten
но тя им каза, че не може да се омъжи за тях
weil sie ihren Vater nicht verlassen wollte
защото нямаше да напусне баща си
sie war entschlossen, mit ihm aufs Land zu fahren
тя беше решена да отиде с него в провинцията
damit sie ihn trösten und ihm helfen konnte
за да може тя да го утеши и да му помогне
Die arme Schönheit war zunächst sehr betrübt
Бедната красавица отначало беше много наскърбена
sie war betrübt über den Verlust ihres Vermögens
тя беше наскърбена от загубата на своето богатство
„Aber Weinen wird mein Schicksal nicht ändern"
"но плачът няма да промени съдбата ми"
„Ich muss versuchen, ohne Reichtum glücklich zu sein"
„Трябва да се опитам да направя себе си щастлив без богатство"
Sie kamen zu ihrem Landhaus
дойдоха в селската си къща
und der Kaufmann und seine drei Söhne widmeten sich der Landwirtschaft
и търговецът и тримата му сина се заели със земеделието
Schönheit stand um vier Uhr morgens auf
красота стана в четири сутринта
und sie beeilte sich, das Haus zu putzen
и тя побърза да почисти къщата
und sie sorgte dafür, dass das Abendessen fertig war
и тя се увери, че вечерята е готова
ihr neues Leben fiel ihr zunächst sehr schwer
в началото намираше новия си живот за много труден

weil sie diese Arbeit nicht gewohnt war
защото не беше свикнала с такава работа
aber in weniger als zwei Monaten wurde sie stärker
но за по-малко от два месеца тя стана по-силна
und sie war gesünder als je zuvor
и тя беше по-здрава от всякога
nachdem sie ihre arbeit erledigt hatte, las sie
след като свърши работата си, тя прочете
sie spielte Cembalo
тя свиреше на клавесин
oder sie sang, während sie Seide spann
или тя пееше, докато предеше коприна
im Gegenteil, ihre beiden Schwestern wussten nicht, wie sie ihre Zeit verbringen sollten
напротив, двете й сестри не знаеха как да прекарват времето си
Sie standen um zehn auf und taten den ganzen Tag nichts anderes als herumzufaulenzen
ставаха в десет и не правеха нищо, освен да мързелуват цял ден
Sie beklagten den Verlust ihrer schönen Kleider
те оплакваха загубата на хубавите си дрехи
und sie beklagten sich über den Verlust ihrer Bekannten
и се оплакаха, че са загубили своите познати
„Schau dir unsere jüngste Schwester an", sagten sie zueinander
„Вижте най-малката ни сестра", казаха си те
„Was für ein armes und dummes Geschöpf sie ist"
"какво бедно и глупаво същество е тя"
„Es ist gemein, mit so wenig zufrieden zu sein"
"подло е да се задоволяваш с толкова малко"
der freundliche Kaufmann war ganz anderer Meinung
любезният търговец беше на съвсем друго мнение
er wusste sehr wohl, dass Schönheit ihre Schwestern übertraf
знаеше много добре, че красотата засенчва сестрите й

Sie übertraf sie sowohl charakterlich als auch geistig
тя ги надминаваше както по характер, така и по ум
er bewunderte ihre Bescheidenheit und ihre harte Arbeit
той се възхищаваше на нейното смирение и упорит труд
aber am meisten bewunderte er ihre Geduld
но най-вече се възхищаваше на нейното търпение
Ihre Schwestern überließen ihr die ganze Arbeit
сестрите й оставиха цялата работа
und sie beleidigten sie ständig
и те я обиждаха всеки момент
Die Familie hatte etwa ein Jahr lang so gelebt
Семейството живяло така около година
dann bekam der Kaufmann einen Brief von einem Buchhalter
тогава търговецът получи писмо от счетоводител
er hatte in ein Schiff investiert
той имаше инвестиция в кораб
und das Schiff war sicher angekommen
и корабът пристигна благополучно
diese Nachricht ließ die beiden ältesten Töchter staunen
Новината му завъртя главите на двете големи дъщери
Sie hatten sofort die Hoffnung, in die Stadt zurückzukehren
те веднага се надяваха да се върнат в града
weil sie des Landlebens überdrüssig waren
защото бяха доста уморени от селския живот
Sie gingen zu ihrem Vater, als er ging
те отидоха при баща си, когато той си тръгваше
Sie baten ihn, ihnen neue Kleider zu kaufen
те го молели да им купи нови дрехи
Kleider, Bänder und allerlei Kleinigkeiten
рокли, панделки и всякакви дреболии
aber die Schönheit verlangte nichts
но красотата не поиска нищо
weil sie dachte, das Geld würde nicht reichen
защото смяташе, че парите няма да стигнат
es würde nicht reichen, um alles zu kaufen, was ihre

Schwestern wollten
нямаше да има достатъчно, за да купи всичко, което искаха сестрите й
„Was möchtest du, Schönheit?", fragte ihr Vater
— Какво искаш, красавице? попита баща й
"Danke, Vater, dass du so nett bist, an mich zu denken", sagte sie
„Благодаря ти, татко, за добрината да мислиш за мен", каза тя
„Vater, sei so freundlich und bring mir eine Rose mit"
"татко, бъди така добър да ми донесеш роза"
„weil hier im Garten keine Rosen wachsen"
"защото тук в градината не растат рози"
„und Rosen sind eine Art Rarität"
"а розите са някаква рядкост"
Schönheit mochte Rosen nicht wirklich
красотата наистина не се интересуваше от розите
sie bat nur um etwas, um ihre Schwestern nicht zu verurteilen
тя само поиска нещо, за да не осъди сестрите си
aber ihre Schwestern dachten, sie hätte aus anderen Gründen nach Rosen gefragt
но сестрите й мислеха, че е поискала рози по други причини
„Sie hat es nur getan, um besonders auszusehen"
"тя го направи само за да изглежда специално"
Der freundliche Mann machte sich auf die Reise
Добрият човек тръгна на път
aber als er ankam, stritten sie über die Ware
но когато той пристигна, те се скараха за стоката
und nach viel Ärger kam er genauso arm zurück wie zuvor
и след много неприятности се върна беден както преди
er war nur ein paar Stunden von seinem eigenen Haus entfernt
той беше на няколко часа от собствената си къща
und er stellte sich schon die Freude vor, seine Kinder zu

sehen
и вече си представяше радостта да види децата си
aber als er durch den Wald ging, verirrte er sich
но когато минаваше през гората се изгуби
es hat furchtbar geregnet und geschneit
валеше страшен дъжд и сняг
der Wind war so stark, dass er ihn vom Pferd warf
вятърът беше толкова силен, че го изхвърли от коня
und die Nacht kam schnell
и нощта настъпваше бързо
er begann zu glauben, er müsse verhungern
той започна да мисли, че може да умре от глад
und er dachte, er könnte erfrieren
и си помисли, че може да замръзне до смърт
und er dachte, Wölfe könnten ihn fressen
и си помисли, че вълците могат да го изядат
die Wölfe, die er um sich herum heulen hörte
вълците, които чу да вият навсякъде около себе си
aber plötzlich sah er ein Licht
но изведнъж видя светлина
er sah das Licht in der Ferne durch die Bäume
той видя светлината отдалеч през дърветата
als er näher kam, sah er, dass das Licht ein Palast war
когато се приближи, видя, че светлината е дворец
der Palast war von oben bis unten beleuchtet
дворецът беше осветен от горе до долу
Der Kaufmann dankte Gott für sein Glück
търговецът благодари на Бога за късмета си
und er eilte zum Palast
и той забърза към двореца
aber er war überrascht, keine Leute im Palast zu sehen
но беше изненадан да не види хора в двореца
der Hof war völlig leer
дворът беше напълно празен
und nirgendwo ein Lebenszeichen
и никъде нямаше признаци на живот

sein Pferd folgte ihm in den Palast
конят му го последва в двореца
und dann fand sein Pferd großen Stall
и тогава конят му намери голяма конюшня
das arme Tier war fast verhungert
горкото животно беше почти гладно
also ging sein Pferd hinein, um Heu und Hafer zu finden
така че конят му влезе да намери сено и овес
zum Glück fand er reichlich zu essen
за щастие той намери много за ядене
und der Kaufmann band sein Pferd an die Krippe
и търговецът върза коня си за яслите
Als er zum Haus ging, sah er niemanden
вървейки към къщата, не видя никого
aber in einer großen Halle fand er ein gutes Feuer
но в голяма зала намери добър огън
und er fand einen Tisch für eine Person gedeckt
и той намери маса, сложена за един
er war nass vom Regen und Schnee
беше мокър от дъжда и снега
Also ging er zum Feuer, um sich abzutrocknen
затова се приближи до огъня, за да се изсуши
„Ich hoffe, der Hausherr entschuldigt mich"
„Надявам се господарят на къщата да ме извини"
„Ich schätze, es wird nicht lange dauern, bis jemand auftaucht."
„Предполагам, че няма да отнеме много време, преди някой да се появи"
Er wartete eine beträchtliche Zeit
Той чакаше доста време
er wartete, bis es elf schlug, und noch immer kam niemand
той изчака, докато удари единайсет, но никой не дойде
Schließlich war er so hungrig, dass er nicht länger warten konnte
накрая беше толкова гладен, че не можеше да чака повече
er nahm ein Hühnchen und aß es in zwei Bissen

той взе малко пиле и го изяде на две хапки
er zitterte beim Essen
той трепереше, докато ядеше храната
danach trank er ein paar Gläser Wein
след това той изпи няколко чаши вино
Er wurde mutiger und verließ den Saal
по-смел той излезе от залата
und er durchquerte mehrere große Hallen
и той премина през няколко големи зали
Er ging durch den Palast, bis er in eine Kammer kam
той мина през двореца, докато стигна до една стая
eine Kammer, in der sich ein überaus gutes Bett befand
стая, която имаше изключително добро легло в нея
er war von der Tortur sehr erschöpft
той беше много уморен от изпитанието си
und es war schon nach Mitternacht
а часът вече минаваше полунощ
also beschloss er, dass es das Beste sei, die Tür zu schließen
затова реши, че е най-добре да затвори вратата
und er beschloss, dass er zu Bett gehen sollte
и той реши, че трябва да си легне
Es war zehn Uhr morgens, als der Kaufmann aufwachte
Беше десет сутринта, когато търговецът се събуди
gerade als er aufstehen wollte, sah er etwas
точно когато щеше да стане, видя нещо
er war erstaunt, saubere Kleidung zu sehen
той беше удивен да види чист комплект дрехи
an der Stelle, wo er seine schmutzigen Kleider zurückgelassen hatte
на мястото, където е оставил мръсните си дрехи
"Mit Sicherheit gehört dieser Palast einer netten Fee"
"със сигурност този дворец принадлежи на някаква фея"
„eine Fee, die mich gesehen und bemitleidet hat"
" фея , която ме видя и ме съжали"
er sah durch ein Fenster
той погледна през един прозорец

aber statt Schnee sah er den herrlichsten Garten
но вместо сняг видя най-прекрасната градина
und im Garten waren die schönsten Rosen
а в градината бяха най-красивите рози
dann kehrte er in die große Halle zurück
след това се върна в голямата зала
der Saal, in dem er am Abend zuvor Suppe gegessen hatte
залата, където беше ял супа предишната вечер
und er fand etwas Schokolade auf einem kleinen Tisch
и той намери малко шоколад на малка маса
„Danke, liebe Frau Fee", sagte er laut
„Благодаря ви, добра мадам фея", каза той на глас
„Danke für Ihre Fürsorge"
"благодаря ви, че сте толкова грижовен"
„Ich bin Ihnen für all Ihre Gefälligkeiten äußerst dankbar"
„Изключително съм ви задължен за всичките ви услуги"
Der freundliche Mann trank seine Schokolade
милият мъж си изпи шоколада
und dann ging er sein Pferd suchen
и след това отиде да търси коня си
aber im Garten erinnerte er sich an die Bitte der Schönheit
но в градината си спомни молбата на красавицата
und er schnitt einen Rosenzweig ab
и той отряза розов клон
sofort hörte er ein lautes Geräusch
веднага чу силен шум
und er sah ein furchtbar furchtbares Tier
и той видя ужасно страшен звяр
er war so erschrocken, dass er kurz davor war, ohnmächtig zu werden
беше толкова уплашен, че беше готов да припадне
„Du bist sehr undankbar", sagte das Tier zu ihm
— Много си неблагодарен — каза му звярът
und das Tier sprach mit schrecklicher Stimme
и звярът проговори със страшен глас
„Ich habe dein Leben gerettet, indem ich dich in mein

Schloss gelassen habe"
„Спасих живота ти, като те пуснах в моя замък"
"und dafür stiehlst du mir im Gegenzug meine Rosen?"
"и за това крадете моите рози в замяна?"
„Die Rosen sind für mich mehr wert als alles andere"
"Розите, които ценя повече от всичко"
„Aber du wirst für das, was du getan hast, sterben"
"но ти ще умреш за това, което направи"
„Ich gebe Ihnen nur eine Viertelstunde, um sich vorzubereiten"
"Давам ви само четвърт час да се подготвите"
„Bereiten Sie sich auf den Tod vor und sprechen Sie Ihre Gebete"
"пригответе се за смъртта и кажете молитвите си"
der Kaufmann fiel auf die Knie
търговецът падна на колене
und er hob beide Hände
и той вдигна двете си ръце
„Mein Herr, ich flehe Sie an, mir zu vergeben"
"Господарю, умолявам те да ми простиш"
„Ich hatte nicht die Absicht, Sie zu beleidigen"
"Нямах намерение да те обидя"
„Ich habe für eine meiner Töchter eine Rose gepflückt"
„Събрах роза за една от дъщерите си"
„Sie bat mich, ihr eine Rose mitzubringen"
"тя ме помоли да й донеса роза"
„Ich bin nicht euer Herr, sondern ein Tier", antwortete das Monster
„Аз не съм твой господар, но съм звяр", отговорило чудовището
„Ich mag keine Komplimente"
"Не обичам комплиментите"
„Ich mag Menschen, die so sprechen, wie sie denken"
"Харесвам хора, които говорят, както мислят"
„glauben Sie nicht, dass ich durch Schmeicheleien bewegt werden kann"

"не си представяйте, че мога да бъда трогнат от ласкателство"
„Aber Sie sagen, Sie haben Töchter"
"Но вие казвате, че имате дъщери"
„Ich werde dir unter einer Bedingung vergeben"
"Ще ти простя при едно условие"
„Eine deiner Töchter muss freiwillig in meinen Palast kommen"
"една от вашите дъщери трябва да дойде в моя дворец с желание"
„und sie muss für dich leiden"
"и тя трябва да страда за теб"
„Gib mir Dein Wort"
„Позволи ми на думата ти"
„Und dann können Sie Ihren Geschäften nachgehen"
"и тогава можете да се занимавате с бизнеса си"
„Versprich mir das:"
"Обещай ми това:"
„Wenn Ihre Tochter sich weigert, für Sie zu sterben, müssen Sie innerhalb von drei Monaten zurückkehren"
"ако дъщеря ви откаже да умре за вас, трябва да се върнете до три месеца"
der Kaufmann hatte nicht die Absicht, seine Töchter zu opfern
търговецът нямал намерение да пожертва дъщерите си
aber da ihm Zeit gegeben wurde, wollte er seine Töchter noch einmal sehen
но тъй като му беше дадено време, той искаше да види дъщерите си още веднъж
also versprach er, dass er zurückkehren würde
така че той обеща, че ще се върне
und das Tier sagte ihm, er könne aufbrechen, wann er wolle
и звярът му каза, че може да тръгне, когато пожелае
und das Tier erzählte ihm noch etwas
и звярът му каза още нещо
„Du sollst nicht mit leeren Händen gehen"

"няма да си тръгнеш с празни ръце"
„Geh zurück in das Zimmer, in dem du lagst"
"върни се в стаята, където лежа"
„Sie werden eine große leere Schatzkiste sehen"
"ще видите голям празен сандък със съкровища"
„Fülle die Schatzkiste mit allem, was Dir am besten gefällt"
"напълни сандъка със съкровището с каквото най-много ти харесва"
„und ich werde die Schatzkiste zu Dir nach Hause schicken"
"и ще изпратя сандъка със съкровището до дома ти"
und gleichzeitig zog sich das Tier zurück
и в същото време звярът се оттегли
„Nun", sagte sich der gute Mann
— Е — каза си добрият човек
„Wenn ich sterben muss, werde ich meinen Kindern wenigstens etwas hinterlassen"
"Ако трябва да умра, поне ще оставя нещо на децата си"
so kehrte er ins Schlafzimmer zurück
затова се върна в спалнята
und er fand sehr viele Goldstücke
и намери много златни парчета
er füllte die Schatzkiste, die das Tier erwähnt hatte
той напълни сандъка със съкровището, за който звярът спомена
und er holte sein Pferd aus dem Stall
и той изведе коня си от конюшнята
die Freude, die er beim Betreten des Palastes empfand, war nun genauso groß wie die Trauer, die er beim Verlassen des Palastes empfand
радостта, която изпита, когато влезе в двореца, сега беше равна на скръбта, която изпита, напускайки го
Das Pferd nahm einen der Wege im Wald
конят пое по един от горските пътища
und in wenigen Stunden war der gute Mann zu Hause
и след няколко часа добрият човек си беше у дома
seine Kinder kamen zu ihm

децата му дойдоха при него
aber anstatt ihre Umarmungen mit Freude entgegenzunehmen, sah er sie an
но вместо да приеме прегръдките им с удоволствие, той ги погледна
er hielt den Ast hoch, den er in den Händen hielt
той вдигна клона, който държеше в ръцете си
und dann brach er in Tränen aus
и след това избухна в сълзи
„Schönheit", sagte er, „nimm bitte diese Rosen"
"красавице", каза той, "моля те, вземи тези рози"
„Sie können nicht wissen, wie teuer diese Rosen waren"
"не можеш да знаеш колко скъпи са били тези рози"
„Diese Rosen haben deinen Vater das Leben gekostet"
"тези рози са коствали живота на баща ти"
und dann erzählte er von seinem tödlichen Abenteuer
и тогава разказа за фаталното си приключение
Sofort schrien die beiden ältesten Schwestern
веднага двете най-големи сестри извикаха
und sie sagten viele gemeine Dinge zu ihrer schönen Schwester
и казаха много злобни неща на красивата си сестра
aber die Schönheit weinte überhaupt nicht
но красотата изобщо не плачеше
„Seht euch den Stolz dieses kleinen Schurken an", sagten sie
„Вижте гордостта на този малък нещастник", казаха те
„Sie hat nicht nach schönen Kleidern gefragt"
"тя не поиска хубави дрехи"
„Sie hätte tun sollen, was wir getan haben"
"тя трябваше да направи това, което ние направихме"
„Sie wollte sich hervortun"
"тя искаше да се отличи"
„so wird sie nun den Tod unseres Vaters bedeuten"
"така че сега тя ще бъде смъртта на баща ни"
„und doch vergießt sie keine Träne"

"и въпреки това тя не проронва сълза"
"Warum sollte ich weinen?", antwortete die Schönheit
— Защо да плача? - отговори красавицата
„Weinen wäre völlig unnötig"
"плачът би бил много излишен"
„Mein Vater wird nicht für mich leiden"
"баща ми няма да страда за мен"
„Das Monster wird eine seiner Töchter akzeptieren"
"чудовището ще приеме една от дъщерите си"
„Ich werde mich seiner ganzen Wut aussetzen"
„Ще се предложа на цялата му ярост"
„Ich bin sehr glücklich, denn mein Tod wird das Leben meines Vaters retten"
"Много съм щастлив, защото моята смърт ще спаси живота на баща ми"
„Mein Tod wird ein Beweis meiner Liebe sein"
"моята смърт ще бъде доказателство за моята любов"
„Nein, Schwester", sagten ihre drei Brüder
— Не, сестро — казаха тримата й братя
„das darf nicht sein"
"това няма да бъде"
„Wir werden das Monster finden"
"ще отидем да намерим чудовището"
"und entweder wir werden ihn töten..."
"и или ще го убием..."
„... oder wir werden bei dem Versuch umkommen"
"... или ще загинем при опита"
„Stellt euch nichts dergleichen vor, meine Söhne", sagte der Kaufmann
„Не си представяйте такова нещо, синове мои", каза търговецът
„Die Kraft des Biests ist so groß, dass ich keine Hoffnung habe, dass Ihr es besiegen könntet."
"силата на звяра е толкова голяма, че нямам надежда, че можеш да го победиш"
„Ich bin entzückt von dem freundlichen und großzügigen

„Angebot der Schönheit"
„Очарована съм от милото и щедро предложение на красотата"
„aber ich kann ihre Großzügigkeit nicht annehmen"
"но не мога да приема нейната щедрост"
„Ich bin alt und habe nicht mehr lange zu leben"
„Стар съм и не ми остава дълго живот"
„also kann ich nur ein paar Jahre verlieren"
"така че мога да загубя само няколко години"
„Zeit, die ich für euch bereue, meine lieben Kinder"
"време, за което съжалявам за вас, мили мои деца"
„Aber Vater", sagte die Schönheit
— Но татко — каза красавицата
„Du sollst nicht ohne mich in den Palast gehen"
"няма да отидеш в двореца без мен"
„Du kannst mich nicht davon abhalten, dir zu folgen"
"не можеш да ме спреш да те последвам"
nichts könnte Schönheit vom Gegenteil überzeugen
нищо не можеше да убеди красотата в противното
Sie bestand darauf, in den schönen Palast zu gehen
тя настоя да отиде в прекрасния дворец
und ihre Schwestern waren erfreut über ihre Beharrlichkeit
и сестрите й бяха възхитени от нейното настояване
Der Kaufmann war besorgt bei dem Gedanken, seine Tochter zu verlieren
Търговецът се разтревожил от мисълта, че ще загуби дъщеря си
er war so besorgt, dass er die Truhe voller Gold vergessen hatte
той беше толкова притеснен, че беше забравил за сандъка, пълен със злато
Abends begab er sich zur Ruhe und schloss die Tür seines Zimmers.
през нощта той се оттегли да си почине и затвори вратата на стаята си
Dann fand er zu seinem großen Erstaunen den Schatz neben

seinem Bett.
тогава, за свое голямо учудване, той намери съкровището до леглото си
er war entschlossen, es seinen Kindern nicht zu erzählen
той беше решен да не казва на децата си
Wenn sie es gewusst hätten, wären sie in die Stadt zurückgekehrt
ако знаеха, щяха да искат да се върнат в града
und er war entschlossen, das Land nicht zu verlassen
и той беше решен да не напуска провинцията
aber er vertraute der Schönheit das Geheimnis
но той довери на красотата тайната
Sie teilte ihm mit, dass zwei Herren gekommen seien
тя му съобщи, че са дошли двама господа
und sie machten ihren Schwestern einen Heiratsantrag
и направиха предложения на сестрите й
Sie bat ihren Vater, ihrer Heirat zuzustimmen
тя умоляваше баща си да се съгласи на брака им
und sie bat ihn, ihnen etwas von seinem Vermögen zu geben
и тя го помолила да им даде част от състоянието си
sie hatte ihnen bereits vergeben
тя вече им беше простила
Die bösen Kreaturen rieben ihre Augen mit Zwiebeln
злите създания търкаха очите си с лук
um beim Abschied von der Schwester ein paar Tränen zu vergießen
за да проплакат малко сълзи, когато се разделят със сестра си
aber ihre Brüder waren wirklich besorgt
но братята й наистина бяха загрижени
Schönheit war die einzige, die keine Tränen vergoss
красавицата беше единствената, която не проля сълзи
sie wollte ihr Unbehagen nicht vergrößern
тя не искаше да увеличава тяхното безпокойство
Das Pferd nahm den direkten Weg zum Palast

конят поел по прекия път към двореца
und gegen Abend sahen sie den erleuchteten Palast
и към вечерта видяха осветения дворец
das Pferd begab sich wieder in den Stall
конят отново влезе в конюшнята
und der gute Mann und seine Tochter gingen in die große Halle
и добрият човек и дъщеря му отидоха в голямата зала
hier fanden sie einen herrlich gedeckten Tisch
тук откриха великолепно сервирана маса
der Kaufmann hatte keinen Appetit zu essen
търговецът нямаше апетит да яде
aber die Schönheit bemühte sich, fröhlich zu erscheinen
но красотата се стараеше да изглежда весела
sie setzte sich an den Tisch und half ihrem Vater
тя седна на масата и помогна на баща си
aber sie dachte auch bei sich:
но тя също си помисли:
„Das Biest will mich sicher mästen, bevor es mich frisst"
"звярът със сигурност иска да ме угои, преди да ме изяде"
„deshalb sorgt er für so viel Unterhaltung"
"ето защо той предлага толкова изобилни забавления"
Nachdem sie gegessen hatten, hörten sie ein großes Geräusch
след като ядоха, чуха голям шум
und der Kaufmann verabschiedete sich mit Tränen in den Augen von seinem unglücklichen Kind
и търговецът се сбогува с нещастното си дете със сълзи на очи
weil er wusste, dass das Biest kommen würde
защото знаеше, че звярът идва
Die Schönheit war entsetzt über seine schreckliche Gestalt
красавицата беше ужасена от ужасната му форма
aber sie nahm ihren Mut zusammen, so gut sie konnte
но тя събра колкото можеше смелост
und das Monster fragte sie, ob sie freiwillig mitkäme

и чудовището я попита дали е дошла с желание
"ja, ich bin freiwillig gekommen", sagte sie zitternd
— Да, дойдох с желание — каза тя разтреперана
Das Tier antwortete: „Du bist sehr gut"
звярът отговорил: „Много си добър"
„und ich bin Ihnen zu großem Dank verpflichtet, ehrlicher Mann"
"и аз съм ви много задължен; честен човек"
„Geht morgen früh eure Wege"
"тръгнете по пътя си утре сутрин"
„aber denk nie daran, wieder hierher zu kommen"
"но никога повече не си и помисляй да идваш тук"
„Lebe wohl, Schönheit, lebe wohl, Biest", antwortete er
„Сбогом красавице, сбогом звяр", отговори той
und sofort zog sich das Monster zurück
и веднага чудовището се оттегли
"Oh, Tochter", sagte der Kaufmann
— О, дъще — каза търговецът
und er umarmte seine Tochter noch einmal
и той прегърна още веднъж дъщеря си
„Ich habe fast Todesangst"
„Почти съм изплашен до смърт"
„glauben Sie mir, Sie sollten lieber zurückgehen"
"повярвай ми, по-добре да се върнеш"
„Lass mich hier bleiben, statt dir"
"нека остана тук, вместо теб"
„Nein, Vater", sagte die Schönheit entschlossen
— Не, татко — каза красавицата с решителен тон
„Du sollst morgen früh aufbrechen"
"ще тръгнете утре сутрин"
„überlasse mich der Obhut und dem Schutz der Vorsehung"
"оставете ме на грижите и защитата на провидението"
trotzdem gingen sie zu Bett
въпреки това си легнаха
Sie dachten, sie würden die ganze Nacht kein Auge zutun
мислеха, че няма да затворят очи цяла нощ

aber als sie sich hinlegten, schliefen sie ein
но както си легнаха, така и заспаха
Die Schönheit träumte, eine schöne Dame kam und sagte zu ihr:
красавицата сънува, че една хубава дама идва и й казва:
„Ich bin zufrieden, Schönheit, mit deinem guten Willen"
„Доволен съм, красавице, от твоята добра воля"
„Diese gute Tat von Ihnen wird nicht unbelohnt bleiben"
"това твое добро действие няма да остане невъзнаградено"
Die Schöne erwachte und erzählte ihrem Vater ihren Traum
красавицата се събудила и разказала на баща си съня си
der Traum tröstete ihn ein wenig
сънят му помогна да го утеши малко
aber er konnte nicht anders, als bitterlich zu weinen, als er ging
но той не можеше да не плаче горчиво, докато си тръгваше
Sobald er weg war, setzte sich Schönheit in die große Halle und weinte ebenfalls
щом той си отиде, красавицата седна в голямата зала и също заплака
aber sie beschloss, sich keine Sorgen zu machen
но тя реши да не се безпокои
Sie beschloss, in der kurzen Zeit, die ihr noch zu leben blieb, stark zu sein
тя реши да бъде силна за малкото време, което й оставаше живот
weil sie fest davon überzeugt war, dass das Biest sie fressen würde
защото тя твърдо вярваше, че звярът ще я изяде
Sie dachte jedoch, sie könnte genauso gut den Palast erkunden
въпреки това тя си помисли, че може и да разгледа двореца
und sie wollte das schöne Schloss besichtigen
и тя искаше да разгледа прекрасния замък

ein Schloss, das sie bewundern musste
замък, на който тя не можеше да не се възхити
Es war ein wunderbar angenehmer Palast
това беше възхитително приятен дворец
und sie war äußerst überrascht, als sie eine Tür sah
и тя беше изключително изненадана, когато видя врата
und über der Tür stand, dass es ihr Zimmer sei
а над вратата пишеше, че това е нейната стая
sie öffnete hastig die Tür
тя бързо отвори вратата
und sie war ganz geblendet von der Pracht des Raumes
и тя беше доста заслепена от великолепието на стаята
was ihre Aufmerksamkeit vor allem auf sich zog, war eine große Bibliothek
това, което най-вече привлече вниманието й, беше голяма библиотека
ein Cembalo und mehrere Notenbücher
клавесин и няколко музикални книги
„Nun", sagte sie zu sich selbst
— Е — каза тя на себе си
„Ich sehe, das Biest wird meine Zeit nicht verstreichen lassen"
„Виждам, че звярът няма да остави времето ми да тежи"
dann dachte sie über ihre Situation nach
след това тя се замисли за положението си
„Wenn ich einen Tag bleiben sollte, wäre das alles nicht hier"
„Ако ми беше писано да остана един ден, всичко това нямаше да е тук"
diese Überlegung gab ihr neuen Mut
това съображение я вдъхна с нова смелост
und sie nahm ein Buch aus ihrer neuen Bibliothek
и тя взе книга от новата си библиотека
und sie las diese Worte in goldenen Buchstaben:
и тя прочете тези думи със златни букви:
„Begrüße Schönheit, vertreibe die Angst"

"Добре дошла красавице, прогони страха"
„Du bist hier Königin und Herrin"
„Ти си кралица и господарка тук"
„Sprich deine Wünsche aus, sprich deinen Willen aus"
"Кажи желанията си, кажи волята си"
„Schneller Gehorsam begegnet hier Ihren Wünschen"
„Бързото подчинение отговаря на вашите желания тук"
"Ach", sagte sie mit einem Seufzer
— Уви — каза тя с въздишка
„Am meisten wünsche ich mir, meinen armen Vater zu sehen"
"Повече от всичко искам да видя бедния си баща"
„und ich würde gerne wissen, was er tut"
"и бих искал да знам какво прави"
Kaum hatte sie das gesagt, bemerkte sie den Spiegel
Веднага щом каза това, тя забеляза огледалото
zu ihrem großen Erstaunen sah sie ihr eigenes Zuhause im Spiegel
за свое голямо учудване тя видя собствения си дом в огледалото
Ihr Vater kam emotional erschöpft an
баща й пристигна емоционално изтощен
Ihre Schwestern gingen ihm entgegen
сестрите й отидоха да го посрещнат
trotz ihrer Versuche, traurig zu wirken, war ihre Freude sichtbar
въпреки опитите им да изглеждат тъжни, радостта им беше видима
einen Moment später war alles verschwunden
миг по-късно всичко изчезна
und auch die Befürchtungen der Schönheit verschwanden
и опасенията на красотата също изчезнаха
denn sie wusste, dass sie dem Tier vertrauen konnte
защото знаеше, че може да се довери на звяра
Mittags fand sie das Abendessen fertig
По обяд намерила вечерята готова

sie setzte sich an den Tisch
тя седна на масата
und sie wurde mit einem Musikkonzert unterhalten
и тя беше забавлявана с музикален концерт
obwohl sie niemanden sehen konnte
въпреки че не можеше да види никого
abends setzte sie sich wieder zum Abendessen
през нощта тя отново седна да вечеря
diesmal hörte sie das Geräusch, das das Tier machte
този път тя чу шума, който издаде звярът
und sie konnte nicht anders, als Angst zu haben
и тя не можеше да не се ужаси
"Schönheit", sagte das Monster
"Красота", каза чудовището
"erlaubst du mir, mit dir zu essen?"
"разрешаваш ли ми да ям с теб?"
"Mach, was du willst", antwortete die Schönheit zitternd
„Прави каквото искаш", отвърна разтреперана красавицата
„Nein", antwortete das Tier
— Не — отвърна звярът
„Du allein bist hier die Herrin"
"само ти си господарка тук"
„Sie können mich wegschicken, wenn ich Ärger mache"
"можете да ме отпратите, ако създавам проблеми"
„schick mich fort, und ich werde mich sofort zurückziehen"
"изпрати ме и аз веднага ще се оттегля"
„Aber sagen Sie mir: Finden Sie mich nicht sehr hässlich?"
„Но кажи ми, не мислиш ли, че съм много грозна?"
„Das stimmt", sagte die Schönheit
„Това е вярно", каза красавицата
„Ich kann nicht lügen"
"Не мога да лъжа"
„aber ich glaube, Sie sind sehr gutmütig"
"но вярвам, че си много добър"
„Das bin ich tatsächlich", sagte das Monster

— Наистина съм — каза чудовището
„Aber abgesehen von meiner Hässlichkeit habe ich auch keinen Verstand"
„Но освен грозотата си, нямам и разум"
„Ich weiß sehr wohl, dass ich ein dummes Wesen bin"
„Много добре знам, че съм глупаво създание"
„Es ist kein Zeichen von Torheit, so zu denken", antwortete die Schönheit
„Не е признак на глупост да мислим така", отвърна красавицата
„Dann iss, Schönheit", sagte das Monster
— Яж тогава, красавице — каза чудовището
„Versuchen Sie, sich in Ihrem Palast zu amüsieren"
"опитайте се да се забавлявате във вашия дворец"
"alles hier gehört dir"
"всичко тук е твое"
„Und ich wäre sehr unruhig, wenn Sie nicht glücklich wären"
"и бих бил много неспокоен, ако не си щастлив"
„Sie sind sehr zuvorkommend", antwortete die Schönheit
„Много си услужлив", отговори красавицата
„Ich gebe zu, ich freue mich über Ihre Freundlichkeit"
„Признавам, че съм доволен от вашата доброта"
„Und wenn ich über deine Freundlichkeit nachdenke, fallen mir deine Missbildungen kaum auf"
"и когато взема предвид вашата доброта, почти не забелязвам вашите деформации"
„Ja, ja", sagte das Tier, „mein Herz ist gut
— Да, да — каза звярът, — сърцето ми е добро
„Aber obwohl ich gut bin, bin ich immer noch ein Monster"
"но въпреки че съм добър, аз все още съм чудовище"
„Es gibt viele Männer, die diesen Namen mehr verdienen als Sie."
"Има много мъже, които заслужават това име повече от теб"
„und ich bevorzuge dich, so wie du bist"

"и те предпочитам такъв, какъвто си"
„und ich ziehe dich denen vor, die ein undankbares Herz verbergen"
"и те предпочитам повече от тези, които крият неблагодарно сърце"
"Wenn ich nur etwas Verstand hätte", antwortete das Biest
"Само да имах малко разум", отвърна звярът
„Wenn ich vernünftig wäre, würde ich Ihnen als Dank ein schönes Kompliment machen"
„Ако имах разум, щях да направя добър комплимент, за да ви благодаря"
"aber ich bin so langweilig"
"но аз съм толкова скучен"
„Ich kann nur sagen, dass ich Ihnen zu großem Dank verpflichtet bin"
„Мога само да кажа, че съм ви много задължен"
Schönheit aß ein herzhaftes Abendessen
красавицата яде обилна вечеря
und sie hatte ihre Angst vor dem Monster fast überwunden
и почти беше преодоляла страха си от чудовището
aber sie wollte ohnmächtig werden, als das Biest ihr die nächste Frage stellte
но искаше да припадне, когато звярът й зададе следващия въпрос
"Schönheit, willst du meine Frau werden?"
"красавице, ще бъдеш ли моя жена?"
es dauerte eine Weile, bis sie antworten konnte
й отне известно време, преди да успее да отговори
weil sie Angst hatte, ihn wütend zu machen
защото се страхуваше да не го ядоса
Schließlich sagte sie jedoch "nein, Biest"
накрая обаче тя каза "не, звяр"
sofort zischte das arme Monster ganz fürchterlich
незабавно горкото чудовище изсъска много страшно
und der ganze Palast hallte
и целият дворец ехтеше

aber die Schönheit erholte sich bald von ihrem Schrecken
но красотата скоро се съвзе от страха си
denn das Tier sprach wieder mit trauriger Stimme
защото звярът отново проговори с печален глас
„Dann leb wohl, Schönheit"
"тогава сбогом, красавице"
und er drehte sich nur ab und zu um
и само от време на време се обръщаше назад
um sie anzusehen, als er hinausging
да я гледа като излиза
jetzt war die Schönheit wieder allein
сега красотата отново беше сама
Sie empfand großes Mitgefühl
тя почувства голяма доза състрадание
„Ach, es ist tausendmal schade"
"Уви, хиляди жалко"
„Etwas, das so gutmütig ist, sollte nicht so hässlich sein"
"всичко толкова добродушно не трябва да е толкова грозно"
Schönheit verbrachte drei Monate sehr zufrieden im Palast
красавицата прекара три месеца много доволна в двореца
jeden Abend stattete ihr das Biest einen Besuch ab
всяка вечер звярът я посещаваше
und sie redeten beim Abendessen
и те разговаряха по време на вечеря
Sie sprachen mit gesundem Menschenverstand
говореха със здрав разум
aber sie sprachen nicht mit dem, was man als geistreich bezeichnet
но те не говореха с това, което хората наричат остроумие
Schönheit entdeckte immer einen wertvollen Charakter im Biest
красотата винаги е откривала някакъв ценен характер в звяра
und sie hatte sich an seine Missbildung gewöhnt
и тя беше свикнала с неговата деформация

sie fürchtete sich nicht mehr vor seinem Besuch
тя вече не се страхуваше от времето на неговото посещение
jetzt schaute sie oft auf die Uhr
сега тя често поглеждаше часовника си
und sie konnte es kaum erwarten, bis es neun Uhr war
и тя нямаше търпение да стане девет часа
denn das Tier kam immer zu dieser Stunde
защото звярът никога не пропуска да дойде в този час
Es gab nur eine Sache, die Schönheit betraf
имаше само едно нещо, което се отнасяше до красотата
jeden Abend, bevor sie ins Bett ging, stellte ihr das Biest die gleiche Frage
всяка вечер преди да си легне, звярът й задавал един и същи въпрос
Das Monster fragte sie, ob sie seine Frau werden wolle
чудовището я попита дали тя ще бъде негова жена
Eines Tages sagte sie zu ihm: „Biest, du machst mir große Sorgen."
един ден тя му каза, "звяр, много ме притесняваш"
„Ich wünschte, ich könnte einwilligen, dich zu heiraten"
„Иска ми се да мога да се съглася да се оженя за теб"
„Aber ich bin zu aufrichtig, um dir zu glauben zu machen, dass ich dich heiraten würde"
"но аз съм твърде искрен, за да те накарам да повярваш, че бих се оженил за теб"
„Unsere Ehe wird nie stattfinden"
"нашият брак никога няма да се случи"
„Ich werde dich immer als Freund sehen"
"Винаги ще те виждам като приятел"
„Bitte versuchen Sie, damit zufrieden zu sein"
"моля, опитайте се да сте доволни от това"
„Damit muss ich zufrieden sein", sagte das Tier
— Трябва да съм доволен от това — каза звярът
„Ich kenne mein eigenes Unglück"
"Знам собственото си нещастие"
„aber ich liebe dich mit der zärtlichsten Zuneigung"

"но те обичам с най-нежна обич"
„Ich sollte mich jedoch als glücklich betrachten"
„Въпреки това трябва да се смятам за щастлив"
"und ich würde mich freuen, wenn du hier bleibst"
"и трябва да се радвам, че ще останеш тук"
„versprich mir, mich nie zu verlassen"
"обещай ми никога да не ме изоставяш"
Schönheit errötete bei diesen Worten
красотата се изчерви при тези думи
Eines Tages schaute die Schönheit in ihren Spiegel
един ден красавицата се гледаше в огледалото си
ihr Vater hatte sich schreckliche Sorgen um sie gemacht
баща й се беше притеснил за нея
sie sehnte sich mehr denn je danach, ihn wiederzusehen
копнееше да го види отново повече от всякога
„Ich könnte versprechen, dich nie ganz zu verlassen"
„Мога да обещая, че никога няма да те напусна напълно"
„aber ich habe so ein großes Verlangen, meinen Vater zu sehen"
"но имам толкова голямо желание да видя баща си"
„Ich wäre unendlich verärgert, wenn Sie nein sagen würden"
„Ще бъда невероятно разстроен, ако кажеш „не"
"Ich würde lieber selbst sterben", sagte das Monster
— Предпочитах да умра — каза чудовището
„Ich würde lieber sterben, als dir Unbehagen zu bereiten"
"Предпочитам да умра, отколкото да те накарам да се чувстваш неспокоен"
„Ich werde dich zu deinem Vater schicken"
„Ще те изпратя при баща ти"
„Du sollst bei ihm bleiben"
"ще останеш с него"
"und dieses unglückliche Tier wird stattdessen vor Kummer sterben"
"и този нещастен звяр вместо това ще умре от мъка"
"Nein", sagte die Schönheit weinend

"Не", каза красавицата, разплакана
„Ich liebe dich zu sehr, um die Ursache deines Todes zu sein"
"Обичам те твърде много, за да бъда причината за смъртта ти"
„Ich verspreche Ihnen, in einer Woche wiederzukommen"
„Обещавам ти да се върна след седмица"
„Du hast mir gezeigt, dass meine Schwestern verheiratet sind"
"Ти ми показа, че сестрите ми са омъжени"
„und meine Brüder sind zur Armee gegangen"
"и братята ми отидоха в армията"
"Lass mich eine Woche bei meinem Vater bleiben, da er allein ist"
"оставете ме да остана една седмица при баща ми, тъй като той е сам"
"Morgen früh wirst du dort sein", sagte das Tier
— Ще бъдеш там утре сутрин — каза звярът
„Aber denk an dein Versprechen"
"но запомни обещанието си"
„Sie brauchen Ihren Ring nur auf den Tisch zu legen, bevor Sie zu Bett gehen."
"Трябва само да оставите пръстена си на масата, преди да си легнете"
"Und dann werdet ihr vor dem Morgen zurückgebracht"
"и тогава ще бъдеш върнат преди сутринта"
„Lebe wohl, liebe Schönheit", seufzte das Tier
— Сбогом, скъпа красавице — въздъхна звярът
Die Schönheit ging an diesem Abend sehr traurig ins Bett
тази вечер красотата си легна много тъжна
weil sie das Tier nicht so besorgt sehen wollte
защото не искаше да види звяра толкова притеснен
am nächsten Morgen fand sie sich im Haus ihres Vaters wieder
на следващата сутрин тя се озова в дома на баща си
sie läutete eine kleine Glocke neben ihrem Bett

тя звънна на малко звънче до леглото си
und das Dienstmädchen stieß einen lauten Schrei aus
и прислужницата нададе силен писък
und ihr Vater rannte nach oben
и баща й изтича нагоре
er dachte, er würde vor Freude sterben
мислеше, че ще умре от радост
er hielt sie eine Viertelstunde lang in seinen Armen
той я държа в ръцете си четвърт час
irgendwann waren die ersten Grüße vorbei
в крайна сметка първите поздрави свършиха
Schönheit begann daran zu denken, aus dem Bett zu steigen
красавицата започна да мисли за ставане от леглото
aber sie merkte, dass sie keine Kleidung mitgebracht hatte
но осъзна, че не е донесла дрехи
aber das Dienstmädchen sagte ihr, sie habe eine Kiste gefunden
но прислужницата й каза, че е намерила кутия
der große Koffer war voller Kleider und Kleider
големият сандък беше пълен с рокли и рокли
jedes Kleid war mit Gold und Diamanten bedeckt
всяка рокля беше покрита със злато и диаманти
Schönheit dankte dem Tier für seine freundliche Pflege
красавицата благодари на звяра за любезните му грижи
und sie nahm eines der schlichtesten Kleider
и тя взе една от най-обикновените рокли
Die anderen Kleider wollte sie ihren Schwestern schenken
смяташе да даде другите рокли на сестрите си
aber bei diesem Gedanken verschwand die Kleidertruhe
но при тази мисъл сандъкът с дрехи изчезна
Das Biest hatte darauf bestanden, dass die Kleidung nur für sie sei
звярът беше настоял, че дрехите са само за нея
ihr Vater sagte ihr, dass dies der Fall sei
баща й й каза, че това е така
und sofort kam die Kleidertruhe wieder zurück

и веднага багажникът с дрехи се върна отново
Schönheit kleidete sich mit ihren neuen Kleidern
красавицата се облече с новите си дрехи
und in der Zwischenzeit gingen die Mägde los, um ihre Schwestern zu finden
а междувременно прислужниците отидоха да намерят сестрите й
Ihre beiden Schwestern waren mit ihren Ehemännern
и двете й сестри бяха със съпрузите си
aber ihre beiden Schwestern waren sehr unglücklich
но и двете й сестри бяха много нещастни
Ihre älteste Schwester hatte einen sehr gutaussehenden Herrn geheiratet
най-голямата й сестра се беше омъжила за много красив господин
aber er war so selbstgefällig, dass er seine Frau vernachlässigte
но той толкова обичаше себе си, че пренебрегна жена си
Ihre zweite Schwester hatte einen geistreichen Mann geheiratet
втората й сестра се беше омъжила за остроумен мъж
aber er nutzte seinen Witz, um die Leute zu quälen
но той използва остроумието си, за да измъчва хората
und am meisten quälte er seine Frau
и най-много измъчваше жена си
Die Schwestern der Schönheit sahen sie wie eine Prinzessin gekleidet
сестрите на красавицата я видели облечена като принцеса
und sie waren krank vor Neid
и се разболяха от завист
jetzt war sie schöner als je zuvor
сега тя беше по-красива от всякога
ihr liebevolles Verhalten konnte ihre Eifersucht nicht unterdrücken
нейното нежно поведение не можеше да потуши ревността им

Sie erzählte ihnen, wie glücklich sie mit dem Tier war
тя им каза колко е щастлива със звяра
und ihre Eifersucht war kurz vor dem Platzen
и ревността им беше готова да избухне
Sie gingen in den Garten, um über ihr Unglück zu weinen
Те слязоха в градината да плачат за нещастието си
„Inwiefern ist dieses kleine Geschöpf besser als wir?"
„В какво това малко създание е по-добро от нас?"
„Warum sollte sie so viel glücklicher sein?"
— Защо трябва да е толкова по-щастлива?
„Schwester", sagte die ältere Schwester
"Сестро", каза по-голямата сестра
„Mir ist gerade ein Gedanke gekommen"
"току-що ми хрумна една мисъл"
„Versuchen wir, sie länger als eine Woche hier zu behalten"
"нека се опитаме да я задържим тук повече от седмица"
„Vielleicht macht das das dumme Monster wütend"
"може би това ще вбеси глупавото чудовище"
„weil sie ihr Wort gebrochen hätte"
"защото тя щеше да наруши думата си"
"und dann könnte er sie verschlingen"
"и тогава той може да я погълне"
"Das ist eine tolle Idee", antwortete die andere Schwester
„Това е страхотна идея", отговори другата сестра
„Wir müssen ihr so viel Freundlichkeit wie möglich entgegenbringen"
"трябва да й покажем колкото е възможно повече доброта"
Die Schwestern fassten den Entschluss
сестрите взеха това решение
und sie verhielten sich sehr liebevoll gegenüber ihrer Schwester
и те се държаха много нежно със сестра си
Die arme Schönheit weinte vor Freude über all ihre Freundlichkeit
клетата красавица плачеше от радост от цялата им

доброта
Als die Woche um war, weinten sie und raufen sich die Haare
когато седмицата изтече, те плачеха и си късаха косите
es schien ihnen so leid zu tun, sich von ihr zu trennen
те изглеждаха толкова съжаляващи да се разделят с нея
und die Schönheit versprach, noch eine Woche länger zu bleiben
и красавицата обеща да остане още седмица
In der Zwischenzeit konnte die Schönheit nicht umhin, über sich selbst nachzudenken
Междувременно красавицата не можеше да не разсъждава върху себе си
sie machte sich Sorgen darüber, was sie dem armen Tier antat
тя се тревожеше какво причинява на бедния звяр
Sie wusste, dass sie ihn aufrichtig liebte
тя знае, че искрено го обича
und sie sehnte sich wirklich danach, ihn wiederzusehen
и тя наистина копнееше да го види отново
Auch die zehnte Nacht verbrachte sie bei ihrem Vater
десетата нощ също прекарала при баща си
sie träumte, sie sei im Schlossgarten
тя сънува, че е в градината на двореца
und sie träumte, sie sähe das Tier ausgestreckt im Gras liegen
и тя сънува, че вижда звяра проснат на тревата
er schien ihr mit sterbender Stimme Vorwürfe zu machen
— сякаш я упрекна той с умиращ глас
und er warf ihr Undankbarkeit vor
и той я обвини в неблагодарност
Schönheit erwachte aus ihrem Schlaf
красотата се събуди от съня си
und sie brach in Tränen aus
и тя избухна в сълзи
„Bin ich nicht sehr böse?"

— Не съм ли много зъл?
„War es nicht grausam von mir, so unfreundlich gegenüber dem Tier zu sein?"
— Не беше ли жестоко от моя страна да се държа толкова нелюбезно със звяра?
„Das Biest hat alles getan, um mir zu gefallen"
"звярът направи всичко, за да ми угоди"
"Ist es seine Schuld, dass er so hässlich ist?"
— Той ли е виновен, че е толкова грозен?
„Ist es seine Schuld, dass er so wenig Verstand hat?"
— Той ли е виновен, че има толкова малко акъл?
„Er ist freundlich und gut, und das genügt"
„Той е мил и добър и това е достатъчно"
„Warum habe ich mich geweigert, ihn zu heiraten?"
— Защо отказах да се омъжа за него?
„Ich sollte mit dem Monster glücklich sein"
„Трябва да съм доволен от чудовището"
„Schau dir die Männer meiner Schwestern an"
"виж съпрузите на сестрите ми"
„Weder Witz noch Schönheit machen sie gut"
"нито остроумието, нито красотата ги прави добри"
„Keiner ihrer Ehemänner macht sie glücklich"
"нито един от мъжете им не ги прави щастливи"
„sondern Tugend, Sanftmut und Geduld"
"но добродетел, сладост на нрава и търпение"
„Diese Dinge machen eine Frau glücklich"
"тези неща правят една жена щастлива"
„und das Tier hat all diese wertvollen Eigenschaften"
"и звярът има всички тези ценни качества"
„es ist wahr, ich empfinde keine Zärtlichkeit und Zuneigung für ihn"
"вярно е; не изпитвам нежността на обичта към него"
„aber ich empfinde für ihn die allergrößte Dankbarkeit"
"но намирам, че изпитвам най-голяма благодарност към него"
„und ich habe die höchste Wertschätzung für ihn"

"и го уважавам най-високо"
"und er ist mein bester Freund"
"и той е най-добрият ми приятел"
„Ich werde ihn nicht unglücklich machen"
"Няма да го направя нещастен"
„Wenn ich so undankbar wäre, würde ich mir das nie verzeihen"
"Ако бях толкова неблагодарен, никога нямаше да си простя"
Schönheit legte ihren Ring auf den Tisch
красавицата сложи пръстена си на масата
und sie ging wieder zu Bett
и тя отново си легна
kaum war sie im Bett, da schlief sie ein
едва беше в леглото, преди да заспи
Sie wachte am nächsten Morgen wieder auf
тя се събуди отново на следващата сутрин
und sie war überglücklich, sich im Palast des Tieres wiederzufinden
и тя беше извънредно щастлива, че се озова в двореца на звяра
Sie zog eines ihrer schönsten Kleider an, um ihm zu gefallen
тя облече една от най-хубавите си рокли, за да му хареса
und sie wartete geduldig auf den Abend
и тя търпеливо изчака вечерта
kam die ersehnte Stunde
дойде желаният час
die Uhr schlug neun, doch kein Tier erschien
часовникът удари девет, но не се появи звяр
Schönheit befürchtete dann, sie sei die Ursache seines Todes gewesen
красавицата тогава се страхуваше, че тя е причината за смъртта му
Sie rannte weinend durch den ganzen Palast
тя тичаше плачеща из целия дворец
nachdem sie ihn überall gesucht hatte, erinnerte sie sich an

ihren Traum
след като го е търсила навсякъде, тя си спомня съня си
und sie rannte zum Kanal im Garten
и тя изтича до канала в градината
Dort fand sie das arme Tier ausgestreckt
там намери бедния звяр проснат
und sie war sicher, dass sie ihn getötet hatte
и беше сигурна, че го е убила
sie warf sich ohne Furcht auf ihn
тя се хвърли върху него без никакъв страх
sein Herz schlug noch
сърцето му все още биеше
sie holte etwas Wasser aus dem Kanal
тя донесе малко вода от канала
und sie goss das Wasser über seinen Kopf
и тя изля водата върху главата му
Das Tier öffnete seine Augen und sprach mit der Schönheit
звярът отвори очи и заговори на красотата
„**Du hast dein Versprechen vergessen**"
"Забравихте обещанието си"
„**Es hat mir das Herz gebrochen, dich verloren zu haben**"
"Бях толкова разбито, че те загубих"
„**Ich beschloss, zu hungern**"
"Реших да гладувам"
„**aber ich habe das Glück, Sie wiederzusehen**"
"но имам щастието да те видя още веднъж"
„**so habe ich das Vergnügen, zufrieden zu sterben**"
"така че имам удоволствието да умра доволен"
„**Nein, liebes Tier**", **sagte die Schönheit**, „**du darfst nicht sterben**"
„Не, скъпи звяр", каза красавицата, „не трябва да умираш"
„**Lebe, um mein Ehemann zu sein**"
"Живей, за да бъдеш мой съпруг"
„**Von diesem Augenblick an reiche ich dir meine Hand**"
"от този момент ти подавам ръката си"

„und ich schwöre, niemand anderes als Dein zu sein"
"и се кълна да бъда само твоя"
„Ach! Ich dachte, ich hätte nur Freundschaft für dich."
"Уви! Мислех, че имам само приятелство за теб"
"aber der Kummer, den ich jetzt fühle, überzeugt mich;"
"но скръбта, която сега изпитвам, ме убеждава;"
„Ich kann nicht ohne dich leben"
"Не мога да живея без теб"
Schönheit hatte diese Worte kaum gesagt, als sie ein Licht sah
красотата, която едва ли беше изрекла тези думи, когато видя светлина
der Palast funkelte im Licht
дворецът искряше в светлина
Feuerwerk erleuchtete den Himmel
фойерверки озариха небето
und die Luft erfüllt mit Musik
и въздухът изпълнен с музика
alles kündigte ein großes Ereignis an
всичко известяваше за някакво велико събитие
aber nichts konnte ihre Aufmerksamkeit fesseln
но нищо не можеше да задържи вниманието й
sie wandte sich ihrem lieben Tier zu
— обърна се тя към скъпия си звяр
das Tier, vor dem sie vor Angst zitterte
звярът, за когото тя трепереше от страх
aber ihre Überraschung über das, was sie sah, war groß!
но нейната изненада беше голяма от това, което видя!
das Tier war verschwunden
звярът беше изчезнал
stattdessen sah sie den schönsten Prinzen
вместо това тя видя най-красивия принц
sie hatte den Zauber beendet
тя бе сложила край на заклинанието
ein Zauber, unter dem er einem Tier ähnelte
заклинание, под което той приличаше на звяр

dieser Prinz war all ihre Aufmerksamkeit wert
този принц беше достоен за цялото й внимание
aber sie konnte nicht anders und musste fragen, wo das Biest war
но не можа да не попита къде е звярът
„Du siehst ihn zu deinen Füßen", sagte der Prinz
— Виждате го в краката си — каза принцът
„Eine böse Fee hatte mich verdammt"
„Зла фея ме беше осъдила"
„Ich sollte diese Gestalt behalten, bis eine wunderschöne Prinzessin einwilligte, mich zu heiraten."
„Трябваше да остана в тази форма, докато красива принцеса не се съгласи да се омъжи за мен"
„Die Fee hat mein Verständnis verborgen"
"феята скри моето разбиране"
„Du warst der Einzige, der großzügig genug war, um von meiner guten Laune bezaubert zu sein."
"ти беше единственият достатъчно щедър, за да бъдеш очарован от добротата на моя нрав"
Schönheit war angenehm überrascht
красавицата беше щастливо изненадана
und sie gab dem bezaubernden Prinzen ihre Hand
и тя подаде ръката си на очарователния принц
Sie gingen zusammen ins Schloss
те отидоха заедно в замъка
und die Schöne war überglücklich, ihren Vater im Schloss zu finden
и красавицата беше извънредно щастлива да намери баща си в замъка
und ihre ganze Familie war auch da
и цялото й семейство също бяха там
sogar die schöne Dame, die in ihrem Traum erschienen war, war da
дори красивата дама, която се появи в съня й, беше там
"Schönheit", sagte die Dame aus dem Traum
"Красота", каза дамата от съня

„Komm und empfange deine Belohnung"
"ела и получи своята награда"
„Sie haben die Tugend dem Witz oder dem Aussehen vorgezogen"
"предпочитал си добродетелта пред остроумието или външния вид"
„und Sie verdienen jemanden, in dem diese Eigenschaften vereint sind"
"и вие заслужавате някой, в който тези качества са обединени"
„Du wirst eine großartige Königin sein"
"ти ще бъдеш страхотна кралица"
„Ich hoffe, der Thron wird deine Tugend nicht schmälern"
„Надявам се, че тронът няма да намали вашата добродетел"
Dann wandte sich die Fee an die beiden Schwestern
тогава феята се обърна към двете сестри
„Ich habe in eure Herzen geblickt"
"Видях вътре в сърцата ви"
„und ich kenne die ganze Bosheit, die in euren Herzen steckt"
"и знам цялата злоба, която съдържат сърцата ви"
„Ihr beide werdet zu Statuen"
"вие двамата ще станете статуи"
„Aber ihr werdet euren Verstand bewahren"
"но ще запазите ума си"
„Du sollst vor den Toren des Palastes deiner Schwester stehen"
"ще стоиш пред портите на двореца на сестра си"
„Das Glück deiner Schwester soll deine Strafe sein"
"Щастието на сестра ти ще бъде твоето наказание"
„Sie werden nicht in Ihren früheren Zustand zurückkehren können"
"няма да можете да се върнете в предишните си състояния"
„es sei denn, Sie beide geben Ihre Fehler zu"

"освен ако и двамата не признаете грешките си"
„Aber ich sehe voraus, dass ihr immer Statuen bleiben werdet"
"но аз предвиждам, че вие винаги ще останете статуи"
„Stolz, Zorn, Völlerei und Faulheit werden manchmal besiegt"
"гордостта, гневът, лакомията и безделието понякога се побеждават"
„aber die Bekehrung neidischer und böswilliger Gemüter sind Wunder"
" но обръщането на завистливи и злонамерени умове са чудеса"
sofort strich die Fee mit ihrem Zauberstab
веднага феята удари магическата си пръчка
und im nächsten Augenblick waren alle im Saal entrückt
и след миг всички, които бяха в залата, бяха транспортирани
Sie waren in die Herrschaftsgebiete des Fürsten eingedrungen
те бяха отишли във владенията на принца
die Untertanen des Prinzen empfingen ihn mit Freude
поданиците на княза го приели с радост
der Priester heiratete die Schöne und das Biest
свещеникът се ожени за красавицата и звяра
und er lebte viele Jahre mit ihr
и той живя с нея много години
und ihr Glück war vollkommen
и щастието им беше пълно
weil ihr Glück auf Tugend beruhte
защото тяхното щастие се основаваше на добродетелта

Das Ende
Краят

www.ingramcontent.com/pod-product-compliance
Lightning Source LLC
Chambersburg PA
CBHW011553070526
44585CB00023B/2579

9 781805 720027